# LE PROCHAIN NIVEAU D'INVESTISSEMENT DANS LES CRYPTO-MONNAIES

Stratégies avancées pour créer de la richesse avec le bitcoin et les crypto-monnaies

**WAYNE WALKER**

Copyright 2018 par Wayne Walker, tous droits réservés.

Ce livre a été rédigé dans le but de fournir des informations aussi précises et fiables que possible. Il convient de consulter des professionnels, si nécessaire, avant d'entreprendre l'une ou l'autre des actions qui y sont préconisées.

Cette déclaration est jugée équitable et valide par l'American Bar Association et le Comité de l'Association des éditeurs et est juridiquement contraignante dans tous les États-Unis.

En outre, la transmission, la duplication ou la reproduction de l'une des œuvres suivantes, y compris des informations précises, sera considérée comme un acte illégal, qu'elle soit effectuée par voie électronique ou imprimée. La légalité s'étend à la création d'une copie secondaire ou tertiaire de l'œuvre ou d'une copie enregistrée et n'est autorisée qu'avec le consentement écrit exprès de l'éditeur. Tous les droits supplémentaires sont réservés.

Les informations contenues dans les pages suivantes sont généralement considérées comme un compte rendu véridique et précis des faits, et en tant que tel, toute inattention, utilisation ou mauvaise utilisation des informations en question par le lecteur rendra toute action résultante uniquement sous sa responsabilité. Il n'existe aucun scénario dans lequel l'éditeur ou l'auteur de ce travail peut être de quelque manière que ce soit considéré comme responsable de toute difficulté ou de tout dommage qui pourrait leur arriver après avoir entrepris les informations décrites ici.

# TABLE DES MATIÈRES

CHAPITRE 1: Les crypto-monnaies (autres que le bitcoin) : Que font-elles ?........5

CHAPITRE 2: Après tout le battage médiatique, que devez-vous vraiment avoir dans votre portefeuille de crypto-monnaies ?....................................................9

CHAPITRE 3: Passez à la vitesse supérieure en matière de diversification de votre portefeuille de crypto-monnaies. ...............................................................13

CHAPITRE 4: Aperçu des ICOs : Les points positifs et les points à surveiller........17

CHAPITRE 5: Les pièges à éviter lors de la transition Du Forex au trading de cryptomonnaies..................................................................................................21

CHAPITRE 6: Bourses de crypto-monnaies: Front-running et tarification ..........27

CHAPITRE 7: Sécurité de votre compte.............................................................31

CHAPITRE 8: Le nouveau monde des crypto-monnaies soutenues par les gouvernements...................................................................................................37

CHAPITRE 9: Que peut-on attendre des crypto-monnaies dans un avenir proche ?...............................................................................................................41

CHAPITRE 10: Crypto Trader Zone...................................................................49

CHAPITRE 11: Trading de bitcoins et d'altcoins................................................51

CHAPITRE 12: Tactiques de négociation ..........................................................57

CHAPITRE 13: Tout mettre en place .................................................................63

CHAPITRE 14: Crypto Technical Analysis Toolbox ..........................................69

CHAPITRE 15: Indicateurs d'analyse technique ...............................................75

CHAPITRE 16: Graphiques similaires aux lettres M&W ..................................81

CHAPITRE 17: Vos prochaines étapes...............................................................85

CONCLUSION ..................................................................................................89

UN PARAGRAPHE D'APERÇU DE MON PROCHAIN LIVRE : Les bases du trading algorithmique des crypto-monnaies ................................................................. 91

VOCABULAIRE ESSENTIEL DU BITCOIN-CRYPTO ................................................. 93

PROFIL PROFIL DE L'AUTEUR ................................................................................ 99

# CHAPITRE 1 :
Les crypto-monnaies
(autres que le bitcoin) : Que font-elles ?

Pour les nombreuses personnes qui sont encore émerveillées par les incroyables mouvements de prix à la hausse que nous avons vus sur un grand nombre de crypto-monnaies, la question que je reçois le plus souvent de la part de nouveaux étudiants et d'autres personnes est "que font-ils ? "Le bitcoin est bien sûr sous les feux de la rampe, mais pour les autres crypto-monnaies, la plupart des gens ont un trou de mémoire. Jetons un coup d'œil aux monnaies les plus populaires et, plus tard, quelques réflexions sur les mouvements du marché.

Ethereum (ETH) - Contrats programmables

Bitcoin (BTC) - Déplacement d'argent, règlement de transactions, un actif numérique

Dash (DASH) - La confidentialité est la caractéristique principale.

Monero (XMR) - Argent numérique privé

Litecoin (LTC) - Similaire au Bitcoin mais plus rapide

Ripple (XRP) - Réseau de règlement des paiements d'entreprise

NEO (NEO) - Ethereum pour le marché chinois

**Pourquoi se sont-ils tant appréciés ?**

Outre les questions sur l'utilité des crypto-monnaies, le prochain sujet le plus brûlant concerne les mouvements du marché. L'histoire que je partage souvent en classe est celle de mon voyage à New York en mai

2017 pour des vacances professionnelles. À l'époque, le bitcoin se négociait à un peu plus de 2 200 $, je suis retourné en Europe en août et il dépassait les 4 000 $. Maintenant, qu'est-ce qui était fondamentalement différent à propos du bitcoin en août pour justifier un quasi-doublement du prix ? En apparence, pas grand-chose, mais le bitcoin et les crypto-monnaies en général reposent sur la confiance dans les systèmes qui les soutiennent. Dans cette optique, la montée en flèche du bitcoin au-delà de 19 000 dollars et les gains fulgurants des altcoins, pour quiconque fixe une limite à ce qui est "raisonnable", se livre clairement à un vœu pieux. Il n'y a pas de science exacte ou de logique ici.

## Comment les négocier

D'après mon expérience et ma formation sur les marchés financiers, et plus particulièrement sur le marché des changes, de nombreuses pièces sont en territoire de surachat extrême. D'après certains des rapports que j'ai lus de différents analystes, le bitcoin va continuer à faire des gains massifs. Je ne peux plus vraiment me moquer d'eux ou appliquer toutes mes formations précédentes. Ce qui peut être utilisé, et je le suggère fortement à tous ceux qui négocient n'importe quelle classe d'actifs, c'est de "rendre l'échec viable", ce n'est pas ma citation, elle est bien connue des ingénieurs et des personnes impliquées dans les startups. Investissez ou négociez avec du capital-risque dans plusieurs des pièces qui ont un volume suffisant pour que votre capacité à entrer et sortir soit relativement facile. Je suis conscient qu'il existe de nombreux points de vue sur ce qui constitue un volume suffisant, mais j'ai besoin de voir au moins 1 000 000 plus. Enfin, vous pouvez également considérer les cryptos comme une couverture pour vos investissements ou vos transactions. Elles remplissent les conditions requises car, en tant que classe d'actifs, elles ne sont pas corrélées à d'autres actifs, comme les actions ou les matières premières. Dans les chapitres suivants, nous explorerons plus en profondeur les meilleures pratiques de trading pour le trading de crypto.

# CHAPITRE 2:
Après tout le battage médiatique, que devez-vous vraiment avoir dans votre portefeuille de crypto-monnaies ?

Pour même l'observateur occasionnel, l'automne 2017 jusqu'aux deux premiers trimestres de 2018 ont été une course folle dans les crypto-monnaies. Il semble pour l'instant, comme je l'avais écrit dans des articles sur le web, qu'une partie du battage médiatique se calmerait et que nous pourrions passer au vrai trading et investissement en crypto. En fait, une grande partie de ce que j'ai écrit (moins de battage, plus de réglementations) s'est réalisée.

Ce n'est pas avec une attitude de "je vous l'avais dit" que j'écris que le battage publicitaire prend des vacances, j'écris parce que le battage publicitaire avait besoin de vacances pour le bien à long terme des crypto-monnaies. Je suis bien conscient que de nombreuses personnes ont été échaudées et que leurs comptes ont pris quelques coups. Pour être honnête, certains ont abandonné toutes les crypto-monnaies. La majorité des traders qui quittent les crypto-monnaies sont ceux qui ont refusé ou négligé d'obtenir une formation ou des conseils qualifiés avant de se lancer. J'ai souligné dans mes autres livres l'importance de la diversification. C'est un concept important pour toutes les classes d'actifs, mais avec les crypto-monnaies, il passe de "bon à avoir" à "OBLIGATOIRE". Ce concept de diversification n'a rien de magique ou de secret. Une simple connaissance des principes de base du trading et de l'analyse technique aurait aidé beaucoup de personnes dans leur stratégie et surtout dans leur état d'esprit.

## La réalité

Le fait est que la volatilité que nous avons observée avec le bitcoin a en fait été plus sévère dans le passé. Les cryptomonnaies, comme les autres marchés, peuvent en fait baisser, ce qui semble être une idée nouvelle pour certains. Lorsque le bitcoin est passé de 10 000 $ à plus de 19 000 $ plus rapidement que ce que même le plus grand fan aurait pu imaginer, les inconvénients ont été oubliés. La réduction du battage médiatique a contribué à la maturité du marché et a également forcé les traders à avoir un regard plus stratégique sur le secteur. Autre avantage, la liquidation du bitcoin a permis à plusieurs altcoins d'entrer en scène, par exemple Stellar.

## Le portefeuille

Ce que j'envisagerais d'inclure dans un portefeuille de 2018 et au-delà :

Bitcoin, Ethereum, Ripple, Cardano, Stellar, NEO, Litecoin, EOS et Nem. Ils sont sélectionnés selon mon principe que les investisseurs ou les traders devraient avoir un portefeuille diversifié de cryptos et ne trader que celles qui ont une bonne liquidité (selon les normes crypto). Toutes les crypto-monnaies sélectionnées font partie du top 15 en termes de capitalisation boursière.

Les amateurs de crypto, qu'ils soient nouveaux ou plus expérimentés, doivent être conscients des caractéristiques uniques de chaque pièce. Chaque actif cryptographique a ses caractéristiques distinctes en termes de comportement sur le marché. Nous avons également vu que les altcoins ont leurs propres histoires de mouvement de prix. Il n'est pas si simple de dire, comme cela a été dit dans le passé, que quoi que fasse l'Ethereum ou le Bitcoin sur le marché, les autres pièces réagiront avec des mouvements de prix similaires. Par exemple, la baisse du bitcoin n'a pas entraîné une baisse équivalente pour de nombreuses altcoins. Au contraire, plusieurs ont pris de la valeur.

**ICOs**

En dehors de ma liste de pièces suggérées, il peut également y avoir de la place pour une ou deux ICO spéculatives. Ceci en sachant que beaucoup, mais PAS toutes, sont des escroqueries. Une fois que vous avez choisi vos cryptomonnaies, l'étape suivante pour diversifier davantage le portefeuille est de s'assurer que vous avez la combinaison sectorielle appropriée. La majorité des investisseurs passent à côté de ce détail essentiel lors de la constitution d'un portefeuille.

# CHAPITRE 3:

Passez à la vitesse supérieure en matière de diversification de votre portefeuille de crypto-monnaies.

Les investisseurs sérieux sont généralement d'accord avec l'idée que la diversité est souhaitable dans un portefeuille. Que l'on négocie des obligations d'État généralement sûres ou des crypto-monnaies volatiles, la diversité est une chose sur laquelle nous sommes tous d'accord. C'est d'autant plus vrai qu'il est de notoriété publique qu'environ 1 000 personnes possèdent 40 % du marché du bitcoin, les "baleines du bitcoin". "Les baleines, d'ailleurs, sont dans d'autres monnaies également.

Ce que je vais faire, c'est développer le concept et partager davantage de stratégies que les investisseurs en crypto fortunés utilisent avec leurs portefeuilles. Comme je l'ai dit dans certains de mes articles, vous devriez chercher à avoir un portefeuille avec un mélange de cryptomonnaies pour éviter la folie d'avoir tout votre argent en Bitcoin ou Ethereum. La première étape pour augmenter sensiblement votre diversification est de diversifier par secteur, comme dans la caractéristique, et ou l'objectif principal de la pièce.

**Diversité des crypto-monnaies par secteur**

Quelques secteurs pour commencer : Tokens, conventionnel, Smart Contracts, réseaux de règlement, vie privée, service de superposition. Les suggestions énumérées ne sont que cela, des suggestions. Il ne s'agit évidemment pas d'une liste complète de toutes les pièces de chaque secteur. Cette liste constitue toutefois un bon point de départ pour la constitution de votre portefeuille.

## Les secteurs et les pièces possibles

Jeton : Stratus, EOS

Contrats intelligents : NEO, Ethereum, Cardano

Confidentialité : Monero, Dash, Zcoin

Conventionnel : Litecoin, IOTA, NEM

Réseaux de règlement : Stellar, Ripple

**Diversité des Crypto par les échanges**

La diversité des bourses est souvent négligée dans le processus de gestion des risques. Cet oubli a été particulièrement douloureux en 2017 lorsque plusieurs des bourses les plus connues de l'Est et de l'Ouest ont eu des problèmes pour faire face à la ruée vers le marché. Ces problèmes ont pris la forme de : serveurs surchargés, sites hors service, et pour beaucoup, le plus douloureux a été de ne pas pouvoir retirer les bénéfices. Le marché est ouvert 24 heures sur 24, 7 jours sur 7, et les mouvements majeurs peuvent survenir à tout moment. Vous commencez le processus en choisissant soigneusement en fonction d'un ensemble de facteurs, notamment : s'il est réglementé ou non, le pays, la vitesse des transferts bancaires, la réputation du marché, etc.

## Extension du programme Head Start

En intégrant simplement la diversité des étapes d'échanges, vous aurez une nette avance sur de nombreux investisseurs. Pour étendre votre avance, l'étape suivante consiste à considérer le poids de chaque secteur ou pièce dans votre portefeuille. Par exemple, si vous avez 4 pièces dans un secteur, reçoivent-elles chacune 25% de vos fonds ou si vous avez 4 secteurs, reçoivent-elles chacune 25% ? La composition finale tient compte de nombreux facteurs, par exemple, votre tolérance au risque, votre exposition à d'autres classes d'actifs et la taille de votre compte. Ce sont quelques-uns des éléments sur lesquels je travaille avec mes clients pour les aider à avoir l'esprit tranquille.

Vous continuez ensuite le processus en voyant quel pourcentage de fonds se trouve sur chaque échange. Le marché des crypto-monnaies reste en grande partie non réglementé, si votre bourse fait faillite, il y a très peu d'aide à obtenir d'un gouvernement, donc être conscient du pourcentage de fonds qui se trouve sur chaque bourse est une partie nécessaire de votre gestion des risques.

# CHAPITRE 4:
## Aperçu des ICOs :
## Les points positifs et les points à surveiller

Selon une enquête récente, la majorité des adultes américains ne savaient pas ce qu'était une ICO. Une offre initiale de pièces de monnaie (ICO) est similaire à une offre publique initiale (IPO). Dans le cas d'une IPO, les investisseurs sont invités à acheter des actions d'une société dans le but de lever des capitaux. Toutefois, dans le cas des ICO, les investisseurs achètent les jetons cryptographiques sous-jacents en échange de bitcoins ou d'éthers.

La première ICO a été le projet Mastercoin en 2013 par J R Willet. Il a levé 500 000 dollars sous la forme de 5 000 bitcoins. Les investisseurs ont acheté des Mastercoins en échange de Bitcoins. Les 5 000 bitcoins que MasterCoin a levés en 2013 valaient environ 41 millions de dollars en juin 2018.

**Chaud et risqué**

Les ICOs ont été et restent un secteur chaud et risqué de l'univers cryptographique. Comme indiqué dans le deuxième chapitre, il faut être prudent avec elles. On a fait des comparaisons avec la bulle Internet (1997-2001), mais il ne faut pas oublier que cette bulle a permis à de grandes entreprises comme Ebay et Google de se développer.

**Réponses nécessaires**

En tant qu'investisseur averti, vous devez vérifier si le projet nécessite réellement la technologie blockchain. Le projet de l'ICO peut-il être réalisé sans faire partie d'une blockchain ? Si c'est le cas, cette ICO pourrait n'être qu'une tentative de s'inscrire dans la tendance des ICO.

Voici quelques-unes des autres questions auxquelles doit répondre toute ICO : Quel est l'intérêt de la pièce ? Quel problème résout-elle ? S'agit-il vraiment d'un problème ? Vous devrez également vérifier que le problème qu'ils prévoient de résoudre n'a pas déjà été résolu par une autre pièce. En effet, en lisant certains livres blancs, vous vous rendrez rapidement compte que vous avez affaire à un clone d'une autre pièce.

**REPÉRER LES ESCROCS DE L'ICO !**

Voici quelques-uns des meilleurs signes indiquant que vous avez affaire à des escrocs

- Il est difficile de les joindre. Les numéros de téléphone qu'ils ont ne peuvent pas être trouvés par une simple recherche sur Internet.
- Le livre blanc est généralement court (moins de 10 pages) et comporte des fautes de grammaire ou d'orthographe élémentaires.
- La qualité du site web est faible ou ils ont utilisé un service gratuit pour le construire.
- Leurs informations "à propos de nous" et leurs détails d'enregistrement sont douteux ou manquants.
- Le PDG ou les conseillers ne peuvent être trouvés sur LinkedIn ou d'autres canaux professionnels.

## Soyez prudent avec les sites web qui évaluent les ICOs

Les ICO sont pour la plupart non réglementées, ce qui conduit de nombreuses personnes à consulter les sites d'évaluation des ICO pour obtenir un deuxième avis. Les investisseurs inexpérimentés font particulièrement confiance aux plateformes d'évaluation des ICO lorsqu'ils cherchent des informations. Les plateformes d'évaluation ont toujours été suspectes parmi les experts car il est facile d'acheter des évaluations d'ICO. En fait, les évaluations fournies ne sont pas toujours indépendantes.

"Les notations d'ICO par les experts", c'est ce que certaines plateformes de notation d'ICO pourraient annoncer sur leurs sites web pour gagner la confiance des investisseurs en quête d'informations. Une belle affirmation, mais des enquêtes sur les sites web ont montré que les notations et la visibilité des ICO ne sont pas toujours impartiales. Les résultats sont effrayants : vous payez pour jouer ! De nombreuses plateformes ne sont rien d'autre que des sites de marketing qui vendent à ceux qui sont prêts à payer. Elles offrent souvent des services de référencement prioritaire en échange d'un paiement. En résumé, lisez les évaluations en sachant qu'elles ont peut-être été achetées.

# CHAPITRE 5:
## Les pièges à éviter lors de la transition Du Forex au trading de cryptomonnaies

Comment réussir la transition du forex aux crypto-monnaies est un défi pour de nombreux traders. Une grande partie de ce que je vais partager est basée principalement sur mon expérience de la transition vers les crypto-monnaies. Par conséquent, ce n'est en aucun cas la seule façon de procéder.

La première chose à savoir est qu'une grande partie de ce que vous savez du trading du forex au comptant peut être appliquée aux crypto-monnaies, mais il existe des différences cruciales. Ces différences, si elles sont ignorées, peuvent être fatales à votre compte.

Le fait le plus important que les traders forex doivent accepter est qu'ils ne traitent pas avec des monnaies fiduciaires comme l'euro ou le dollar américain. Les crypto-monnaies n'ont pas cours légal dans aucun pays, ce ne sont pas des monnaies au sens traditionnel du terme. En d'autres termes, si vous allez dans votre café local, il n'est pas tenu d'accepter les bitcoins comme moyen de paiement. En revanche, si le café se trouvait à Madrid et que vous aviez des euros, il serait obligé de les accepter car l'euro a cours légal en Espagne. Les cryptomonnaies sont également soumises aux caprices réglementaires d'un gouvernement. Un pays, avec peu d'avertissement, pourrait interdire une crypto ou un échange de crypto. En revanche, ce risque n'est pas courant avec les monnaies fiduciaires. Il est extrêmement improbable que vous vous réveilliez demain en découvrant un titre intitulé "Le commerce du dollar américain a été interdit aux États-Unis" ou "L'État de New York a déclaré qu'il était illégal pour les résidents de négocier sur le NYSE."

L'autre problème auquel nous sommes confrontés est la technologie. Les cryptomonnaies peuvent être programmées et je n'ai pas connaissance de fiats programmables. Nous avons également découvert que plusieurs cryptomonnaies n'ont pas été en mesure de tenir leurs promesses. Cela n'inclut même pas les cas où il y a eu une fraude pure et simple.

**Nouvelles règles pour le trading de nouvelles**

Les stratégies normales de trading de nouvelles économiques en devises étrangères ne s'appliquent pas directement. Par exemple, un rapport sur les emplois Non-Farm Payrolls ou une annonce sur les taux d'intérêt de la Banque d'Angleterre n'auront que peu ou pas d'impact sur le Litecoin. Cependant, votre expérience de la gestion des réactions aux nouvelles peut être appliquée aux cryptos, par exemple, un concept familier à de nombreux traders de forex est la sur-réaction du marché aux nouvelles. La surréaction aux nouvelles est presque un cliché dans le trading de crypto-monnaies, car la plupart des traders sont à la fois nouveaux et peu familiers avec la volatilité du marché. En outre, vous avez des niveaux de folie qui paralysent la pensée et qui me font me gratter la tête lorsque j'entends les histoires de personnes qui ont épuisé leurs cartes de crédit juste pour acheter des bitcoins. Si je me trouvais dans une telle situation, je pense que je réagirais aussi de manière excessive.

**L'analyse technique avec des rendements de 25 000 %.**

Sur le front de l'analyse technique, une grande partie de ce que vous devriez déjà savoir sur le support et la résistance est utile. Ce qui est nouveau, c'est que vous devrez suspendre l'interprétation stricte des niveaux de support/résistance. Vous avez des cryptomonnaies qui peuvent facilement faire un bond de 100% par mois et avec de nombreux indicateurs techniques, cela serait considéré comme massivement suracheté, cependant, avec les cryptomonnaies, une certaine suspension de l'incrédulité est nécessaire. Pour preuve, Pantera Bitcoin Fund a enregistré un rendement de plus de 25 000 % (lancé en 2013) ou Ripple avec un rendement de 35 000 % en 2017. Pas des fautes de frappe, les deux sont facilement vérifiables avec une simple recherche Google. La meilleure façon de gérer des mouvements comme ceux-ci est de reconnaître que ce qui se passe n'est pas censé, mais c'est le cas. Comme je l'ai déjà écrit, nous sommes dans un nouvel univers cryptographique qui s'étend et change chaque jour. Aujourd'hui, ce qui est légal peut être soudainement illégal demain. Ce que vous avez lu et supposé être vrai le matin, peut s'avérer être une "fake news" au déjeuner.

Les baleines du bitcoin et des cryptos en général sont un véritable facteur à prendre en compte. Comme mentionné précédemment, ils contrôlent plus ou moins 40 % du marché. C'est du jamais vu dans aucune autre classe d'actifs. Ces baleines, selon leur humeur, peuvent détruire vos semaines d'analyse et de stratégie soigneusement planifiées.

L'arrivée d'acteurs institutionnels, tels que Goldman Sachs et d'autres, apportera de l'argent "intelligent" au marché, mais surtout des liquidités. Lorsqu'ils entrent sur le marché avec d'énormes capitaux, ils signalent aux autres acteurs du marché que les crypto-monnaies doivent être prises au sérieux. Globalement, c'est mieux pour les traders en général, car cela contribuera à la maturation du marché, en plus des autres avantages mentionnés.

Le New York Stock Exchange (NYSE) a signalé début 2018 qu'il étudiait le lancement d'une plateforme qui permettra aux clients institutionnels de négocier et de stocker des bitcoins. Cette nouvelle pourrait à elle seule signaler et constituer la base d'une nouvelle appréciation du prix du bitcoin et des cryptos en général sur le long terme.

**La mort du puriste**

Si vous êtes un puriste de l'analyse fondamentale ou technique, votre compte ne sera pas performant. C'est pourquoi vous aurez besoin d'une stratégie de gestion du risque solide utilisant de nombreux outils qui devraient vous être familiers. Vous gérez le risque en vous appuyant sur ma règle non négociable qui consiste à être capable de survivre à un échec, ce qui signifie que vous ne traitez que ce que vous pouvez vous permettre de perdre. À partir de là, vous ajoutez un portefeuille diversifié de cryptomonnaies et vous ne tradez que celles qui ont une bonne liquidité.

# CHAPITRE 6:
Bourses de crypto-monnaies:
Front-running et tarification

Traiter avec les bourses fait partie du commerce et, dans le cas des cryptomonnaies, il existe certains problèmes dont beaucoup d'investisseurs ne sont pas conscients. L'aspect positif est qu'avec un marché ouvert 24 heures sur 24 et 7 jours sur 7, vous pouvez négocier quand bon vous semble. La réalité désagréable est le front-running de vos transactions par les bourses. On parle de front-running lorsqu'un courtier effectue une transaction avant celle de ses clients, généralement avant une grosse transaction qui influencera probablement le prix d'une crypto, d'une action, etc. Cette pratique est à la fois contraire à l'éthique et illégale sur les marchés réglementés. Cette pratique est à la fois contraire à l'éthique et illégale sur les marchés réglementés. Une grande partie du monde des cryptomonnaies n'est pas réglementée et les bourses peuvent donc jouer le jeu. Il est de notoriété publique que cette pratique est répandue sur le marché. Dans la plupart des cas, elle se fait avec des transactions de taille décente, car il y a plus d'intérêt à profiter du front-running. Si vous négociez de petites quantités de bitcoins, cela ne devrait pas vous affecter.

## Tarification et écarts de prix

L'autre sujet brûlant concernant les bourses est la tarification. En général, sur les bourses réglementées, par exemple pour les actions, vous obtenez généralement les meilleurs prix acheteur et vendeur. Cela est beaucoup plus difficile à réaliser sur les marchés des cryptomonnaies, car l'offre est très fragmentée. Le prix réel sur lequel vous serez exécuté varie largement selon la bourse que vous utilisez comme partenaire commercial. L'une des variables importantes est la robustesse du moteur d'appariement qu'il utilise. Un moteur d'appariement des transactions est le logiciel utilisé par les bourses électroniques, qui apparie les offres et les demandes pour réaliser des transactions. Des algorithmes sont utilisés pour exécuter la répartition. En plus des deux principaux problèmes que j'ai abordés, vous pouvez également rencontrer des problèmes de latence si vous exécutez un algorithme.

Un spread est la différence entre le prix d'achat et le prix de vente. Les écarts pour les cryptomonnaies par rapport aux autres marchés sont énormes. Tellement énormes que c'était l'un des sujets de plainte les plus brûlants lors de l'événement des traders de crypto auquel j'ai participé récemment à New York. Comme nous l'avons vu sur d'autres marchés, on s'attend à ce que les écarts diminuent avec le temps.

Il ne s'agit pas d'un exercice de dénigrement des bourses, mais plutôt d'une alerte pour les traders. Ceci est particulièrement important pour les nouveaux traders et investisseurs qui ne savent souvent pas à quoi ils ont affaire lorsqu'ils effectuent une transaction. Les bourses jouent un rôle important sur le marché et n'oubliez pas que le monde des crypto-monnaies reste relativement nouveau et qu'il y a beaucoup de place pour l'amélioration.

# CHAPITRE 7:
## Sécurité de votre compte

Avec les cryptomonnaies, la plupart des responsabilités en matière de sécurité reposent sur vous, l'utilisateur individuel. Si vous choisissez d'utiliser un échange, il jouera son rôle, mais au final, c'est vous qui êtes responsable. L'une des raisons pour lesquelles la sécurité est un problème si important avec les transactions de la blockchain est qu'elles sont immuables et ne peuvent être annulées une fois effectuées. Par exemple, si vous envoyez des fonds à une autre partie par erreur, à moins qu'elle n'ait envie de les renvoyer, vous devez considérer que les fonds sont perdus. C'est un avantage et un risque des crypto-monnaies.

Pourquoi est-il nécessaire de consacrer un chapitre entier à la sécurité ?

Plus d'un milliard de dollars ont été volés en crypto-monnaies au cours des dernières années. Le vol le plus important a eu lieu à Coincheck, en 2018, avec une perte de 500M$, le célèbre Mt. Gox 2014, a eu une perte estimée à 480M$, et Parity Wallet 2017, une perte estimée à 155M$. Ce n'est qu'un échantillon et je n'ai inclus que les vols _connus_.

### Quelques modèles d'attaque courants

- Phishing: les données de l'utilisateur, y compris l'authentification à deux facteurs (2FA), sont volées sur un faux site, généralement par courrier électronique. Les données sont ensuite saisies sur le site réel après avoir été capturées sur le faux site.

- Les virus d'enregistrement des clés suivent les informations d'identification des utilisateurs lorsqu'ils se connectent et compromettent ensuite le compte.

- Les virus de type "copier-coller" détournent la fonction "coller" et vous obligent à saisir l'adresse d'un pirate lors d'un transfert de fonds.

- Les sites d'ICO ont été copiés et remplacés par des escrocs. Soyez donc très prudent lorsque vous participez à des ICO. Vérifiez qu'elles sont légitimes.

**Pratiques de sécurité moyennes à avancées**

- Ne vous faites pas hameçonner. Ne cliquez jamais sur un lien et ne vous connectez jamais à partir d'un courriel

- N'utilisez pas votre adresse e-mail habituelle pour votre compte de trading cryptographique.

- Utilisez toujours l'authentification à deux facteurs pour tous les

- Utilisez des mails différents pour chaque bourse de crypto-monnaies

- Utilisez un logiciel antivirus fiable et évitez les sites douteux qui peuvent compromettre votre ordinateur.

- Retirez de l'échange les pièces que vous ne prévoyez pas d'échanger à court terme

- Utilisez un ordinateur séparé qui ne sert qu'au trading de crypto.

- Conservez le plus grand nombre de pièces possible dans un portefeuille matériel.

- Les applications de portefeuilles sur votre ordinateur sont bien, mais sauvegardez les clés privées.

**Cryptojacking ?**

Il s'agit de l'une des formes les plus récentes d'inconduite en matière de crypto-monnaies. Elle implique l'utilisation d'un ordinateur pour miner des crypto-monnaies sans l'autorisation du propriétaire. Pour être plus direct, votre ordinateur est détourné pour travailler sur le minage de crypto-monnaies de quelqu'un.

Les méchants exécutent le stratagème en chargeant un programme sur votre ordinateur par le biais du navigateur lorsque vous visitez un site compromis. Peu de temps après, votre machine commence à résoudre des problèmes de calcul qui génèrent des récompenses de minage de crypto-monnaies pour les crypto-jackers. Comme vous pouvez l'imaginer, ils ne partageront pas leurs récompenses avec vous.

**Votre défense**

Surveillez de près le gestionnaire de tâches de votre ordinateur. Il existe plusieurs extensions de navigateur qui vous aideront dans vos efforts de sécurité. L'une d'entre elles est MinerBlock, disponible sur la boutique en ligne de Chrome. Elle bloque les mineurs de crypto-monnaies basés sur le navigateur.

# CHAPITRE 8:

Le nouveau monde des crypto-monnaies soutenues par les gouvernements

Il n'a pas fallu longtemps pour que la fièvre des crypto-monnaies commence à infecter les gouvernements du monde entier. Plusieurs d'entre eux ont récemment annoncé leur intention d'émettre leurs propres crypto-monnaies. C'est un revirement étonnant de la part de ceux qui, à première vue, pourraient avoir intérêt à étouffer la propagation des crypto-monnaies.

**Le paysage**

Le Venezuela a lancé sa crypto-monnaie adossée aux ressources du pays, qui se composent principalement de pétrole et de gaz. Elle s'appelle Petro et imite certaines des caractéristiques du bitcoin. Le Venezuela, comme beaucoup le savent, souffre d'une longue liste de maux économiques. Les sanctions américaines n'ont pas arrangé la situation et le président Nicolás Maduro n'a pas cherché à dissimuler son objectif, à savoir que cette crypto-monnaie Petro offrira un nouveau moyen de les contourner.

La Russie a également annoncé son intention d'introduire un rouble cryptographique. L'objectif est similaire à celui du Venezuela, qui est de contourner les sanctions actuelles ou futures. La Russie n'est toutefois pas dans la même situation d'urgence économique que le Venezuela. D'après ce que j'ai étudié et entendu, ils ont une attitude plus attentiste, contrairement au Venezuela qui s'est déjà lancé.

Pour ne pas être en reste, même la Banque d'Angleterre (BOE) a récemment révélé qu'elle étudiait la possibilité de créer sa propre crypto-monnaie soutenue par la BOE. Je ne peux qu'imaginer que de nombreuses autres banques centrales étudient également la possibilité de créer leurs propres monnaies numériques.

## La réaction

L'attitude générale dans l'univers de la crypto et la mienne est que ce voyage en avant a plusieurs obstacles idéologiques et pratiques. La plus évidente est que si ces cryptos gouvernementales sont vraiment destinées à remplacer le Bitcoin ou toute autre crypto-monnaie, elles contrediraient certaines des caractéristiques les plus centrales du monde des crypto-monnaies, à savoir un grand livre sans permission et décentralisé. L'absence de permission est particulièrement non négociable pour les amateurs de crypto-monnaies. Rien que cela fera s'affronter les parties, car l'une des choses que les gouvernements trouvent irrésistible est le goût du contrôle. En substance, avec ces crypto-monnaies soutenues par l'État, ils jouent à habiller numériquement leur monnaie fiduciaire. Vous n'aimez pas l'euro ? Pas de problème, nous l'avons pour vous maintenant en format crypto. Ils ont changé le nom et l'emballage, mais l'ADN du contrôle gouvernemental demeure. Beaucoup ont mentionné une autre évidence, si le système est piraté (nous pouvons à peu près garantir qu'il y aura des tentatives constantes), qui couvrira les pertes ? Les gouvernements sont-ils prêts à commencer à payer des compensations une fois que la boîte de Pandore des crypto-monnaies soutenues par l'État sera ouverte ?

## Le lancement

Depuis la publication du deuxième trimestre du Petro coin 2018, les acteurs du marché ont les yeux rivés sur le Venezuela. L'accueil du marché a été jusqu'à présent mitigé, mais il est encore trop tôt pour rendre un verdict final. Les hackers, j'en suis sûr, étaient également impatients de ce lancement. Mon conseil au gouvernement vénézuélien, s'il est ouvert à mes suggestions, " rendez l'échec survivable. " Du point de vue des puristes des crypto-monnaies, toute crypto-monnaie centralisée est un jeu de dupes et un échec.

# CHAPITRE 9:
Que peut-on attendre des crypto-monnaies dans un avenir proche ?

Il s'agit là d'attentes volontairement à court terme, car à mon avis, faire des déclarations à long terme sur les cryptomonnaies est une erreur. Nous n'en sommes qu'aux tout premiers stades d'une évolution de la croyance totale, autrefois incontestée, dans les monnaies émises par les gouvernements vers le potentiel que les crypto-monnaies ont à nous offrir. Tout comme avec les monnaies fiduciaires, la croyance et la confiance dans le système sont essentielles. Les gains presque incroyables enregistrés par de nombreuses cryptomonnaies sont le résultat d'un mélange de plusieurs facteurs, notamment les nouvelles, les spéculateurs et la proposition de valeur des différentes pièces. Je dirais en outre que la confiance croissante du grand public et du secteur financier institutionnel est le facteur principal. Par exemple, en 2017, la société française Tobam a lancé le premier fonds commun de placement en bitcoins en Europe. La confiance étant ce qu'elle est, elle peut changer, alors attachez-vous bien ! Car pour tous les gains de plus de 900%, le marché peut facilement produire des chutes tout aussi spectaculaires si des problèmes négatifs concernant la confiance réapparaissent au sein de l'écosystème des crypto-monnaies.

**Moins de folie des ICO**

La folie des ICO perdra un peu de sa mentalité irrationnelle de ruée vers l'or et nous assisterons à une meilleure autosurveillance de la part des acteurs actuels du marché. Nous assistons déjà à une répression de la part des régulateurs aux États-Unis, en Europe et ailleurs. Le public et les régulateurs gouvernementaux ont des limites à ce qu'ils peuvent tolérer. Nous assistons également à une multiplication des missions de recherche, d'identification et de poursuite des escrocs aux ICO par les autorités du monde entier. C'est une excellente nouvelle pour la plupart des gens, les escrocs sont évidemment mécontents.

**Plus de règlements**

J'ai récemment pris conscience de la quantité d'agences qui revendiquent une juridiction sur les crypto-monnaies. Rien qu'aux États-Unis, il y a le FinCEN du département du Trésor, la Securities and Exchange Commission et l'Internal Revenue Service. L'histoire devient encore plus bizarre, car il n'y a même pas d'accord entre les régulateurs sur ce qu'est le bitcoin. Par exemple, l'IRS le considère comme une propriété et la Commodity Futures Trading Commission dit que c'est une marchandise. Pour les acteurs du marché, cela porte la confusion à son comble. Malgré cette confusion, pour accroître la confiance des marchés de détail et institutionnels, il est nécessaire de mettre en place une réglementation plus appropriée pour ce marché en pleine croissance. Cela devrait également inclure des sanctions rapides et sévères pour ceux qui commettent des abus.

En ce qui concerne les réglementations, vous constaterez souvent qu'il existe un schéma qui suit les innovations du marché comme les cryptos. D'abord, nous avons le Far West, suivi d'une surréglementation pour calmer le public. Plus tard, les têtes froides l'emportent et il y a un retour en arrière de certaines règles, pour finalement aboutir à un équilibre viable.

## Application pratique élargie des cryptomonnaies

Le mythe numéro un et, à mon avis, le plus important concernant les cryptomonnaies, est qu'elles n'ont pas d'applications pratiques. **La réalité est que plusieurs des principales monnaies ont des applications réelles et sont liées à l'amélioration de secteurs existants sur le marché. Les entreprises traditionnelles qui soutiennent ce mythe de "l'absence d'applications pratiques" sont rarement satisfaites des innovations qui ne viennent pas d'elles-mêmes et sont promptes à discréditer tout challenger.**

En janvier 2018, la société de transfert d'argent MoneyGram a accepté de tester Ripple en raison de sa rapidité d'exécution des transactions. Ripple a été conçu pour accélérer les transferts d'argent et les transactions internationales. Il réduit à la fois le temps et les coûts de transfert d'argent. Comme il ne s'agissait que d'un test, nous devrons attendre les résultats définitifs, mais cela prouve clairement qu'il existe des applications dans le monde réel.

Un autre exemple est celui de l'utilisation d'Ethereum pour réaliser une transaction immobilière. Il a fait la une des journaux lorsque le fondateur de TechCrunch l'a utilisé, ainsi qu'un contrat intelligent*, pour acheter un appartement en Ukraine sans avoir à se rendre dans le pays.

**Contrats intelligents** : peut gérer les accords entre les personnes, en exécutant les termes d'un contrat lorsque les conditions mutuellement convenues sont remplies.

**Une plus grande utilisation des crypto-monnaies sur les marchés émergents.**

Nous verrons probablement la propagation continue des crypto-monnaies sur les marchés émergents. En effet, les crypto-monnaies ne sont contrôlées par aucun pays et ne sont pas directement liées à la monnaie légale d'un gouvernement. L'application pratique de ce principe signifie que si un gouvernement chancelant s'effondre, la valeur d'une crypto-monnaie comme le bitcoin ne sera pas touchée dans la plupart des cas. Cet avantage peut sembler inutile pour le pays occidental développé moyen, mais dans les pays instables, la fonction de décentralisation des crypto-monnaies a une utilité *très* réelle et pratique.

**J'attends de voir plus de**

Ce que j'attends avec impatience de voir plus dans le futur proche de la crypto.

1- Les bourses vont améliorer à la fois la sécurité et leur capacité à faire face aux pics de demande. Même si les bourses de crypto-monnaies ne sont pas soumises au même niveau d'examen que les bourses traditionnelles, il sera de plus en plus difficile de continuer à parler de la sécurité. Pourquoi ? Le paysage de la crypto-monnaie a suffisamment d'histoires tristes de piratage et de vol de millions. Aucune région du monde n'a le droit de montrer du doigt. Cela arrive à l'Est comme à l'Ouest, aux petits comme aux grands échanges. Contrairement aux fonds déposés dans votre banque locale, si votre compte est piraté sur un marché boursier, il y a très peu de recours pour récupérer vos fonds et, à ce jour, aucune assurance n'est disponible. Tout le monde sait que les pirates sont à la recherche de comptes de crypto-monnaies, c'est pourquoi la défense doit être renforcée. Les menaces internes constituent une autre série de maux de tête, allant du délit d'initié à d'autres inconduites financières de la part des employés.

Plusieurs des bourses réglementées et plus importantes ont cédé sous la demande de nouveaux comptes lors des récentes explosions du marché. Ils obtiendront un laissez-passer cette fois-ci, mais combien de fois encore le public ou les personnes au pouvoir seront-ils aussi indulgents ?

2- L'automne 2017 a vu le lancement des contrats à terme sur le bitcoin et il sera intéressant de voir comment cela se passe. Le public a demandé un marché plus réglementé, et bien le trading sur un marché à terme est une question de réglementation. C'était également la première fois que les traders de bitcoins pouvaient couvrir leurs positions sur un marché réglementé. Ils ont maintenant la possibilité de prendre l'autre côté du marché en vendant à découvert.

3- Plus de pièces, ce qui élimine le besoin de mineurs. Actuellement, la majorité du minage de Bitcoin est effectuée par une poignée d'entreprises. Ce n'est pas une situation saine pour le marché car elles peuvent utiliser cette influence de manière indésirable.

4- L'amélioration de la vitesse des transactions en bitcoins semble attirer l'attention de nombreux influenceurs du secteur. Même pour les fans de Bitcoin, le rythme relativement lent d'une transaction de routine peut être un problème. Plusieurs cryptos s'attaquent à ces défis et je suis impatient de voir comment cela va évoluer.

# CHAPITRE 10:
## Crypto Trader Zone

## Introduction

Il s'agit d'un contenu qui traite spécifiquement du trading de crypto-monnaies. Il sera particulièrement utile pour ceux qui n'ont pas d'expérience en matière de négociation. Pour ceux qui négocient déjà, il fournira des informations supplémentaires sur le marché des crypto-monnaies.

# CHAPITRE 11:
## Trading de bitcoins et d'altcoins

Les cryptomonnaies offrent de la volatilité. En tant que traders, nous adorons cela, c'est une douce musique pour nous. Pourquoi ? Si vous placez une transaction et que rien ne se passe, vous venez de payer le spread à votre courtier pour rien. Le trading est un business (ou vous devriez le traiter comme tel), pour que vous puissiez récupérer le coût de la transaction (le spread), vous avez besoin et vous voulez de la volatilité.

Les rumeurs et les paniques ajoutent à la volatilité. Il peut également y avoir une sensibilité extrême aux nouvelles, les mouvements quotidiens de 20% **ne** sont **pas** rares. L'automne 2017, même selon les normes cryptographiques, la volatilité à laquelle nous avons assisté était étonnante.

**Avantages**

Il n'y a généralement pas de taille minimale de transaction, contrairement à la négociation d'actions, de matières premières ou de devises au comptant. Vous pouvez également effectuer des ventes à découvert, ce qui signifie que les marchés à la hausse ou à la baisse ne vous posent aucun problème. D'autres avantages sont que vous avez la possibilité de négocier directement avec les bourses, les courtiers ne sont pas obligatoires. Vous pouvez négocier 24 heures sur 24 et 7 jours sur 7, ce qui représente encore plus d'heures de négociation que pour le forex au comptant. Évidemment, la liquidité n'est pas égale tout au long de la journée, certains moments de la journée sont plus liquides que d'autres.

## Day Trading

Le day trade avec prudence ! Pour l'instant, vous échangez surtout contre des traders inexpérimentés, mais la scène est en train de changer. L'automne 2017 a vu le lancement du premier fonds commun de placement en bitcoins d'Europe en France. On rapporte également que plusieurs fonds spéculatifs et privés disposant d'énormes ressources se préparent à entrer sur le marché.

## Market Timing

Entrer au "moment idéal" avec le bitcoin et les crypto-monnaies est irréaliste. Ce qui se passe, des gains hebdomadaires à deux chiffres, n'est pas censé se produire, mais c'est le cas. L'utilisation d'une analyse strictement technique ou des fondamentaux vous fera échouer. Cherchez à acheter lors des chutes de panique, les rebonds à la hausse après les chutes de panique du Bitcoin ont été très rentables. Une tactique pour faire face à la volatilité est de mettre en place des alertes de prix pour les mouvements de prix notables. Je vous suggère fortement d'accumuler progressivement, la richesse en crypto-monnaies prend du temps. Ignorez, autant que possible, le battage médiatique du Far West. Si votre position en crypto-monnaies connaît une hausse de plus de 100 %, prenez des bénéfices. Si vous n'aviez pas de position existante, après une rupture majeure à la hausse, achetez sur les pullbacks. Les meilleures opportunités sont là pour les personnes informées et moins émotives. Ceci est particulièrement vrai dans une arène avec des traders en crypto qui n'ont pas l'habitude de faire face à des chutes de 40-50%.

**Effet de levier**

Un effet de levier ? Utilisez-le avec prudence et uniquement avec des entités qui proposent des stop loss fiables. Le bitcoin et les cryptomonnaies en général sont des actifs qui peuvent varier de 20 à 30 % (dans un sens ou dans l'autre) certains jours, et votre compte peut donc facilement exploser. Vous perdez de l'argent lorsque vous êtes retiré, et cela peut facilement arriver avec un effet de levier élevé. En résumé, restez dans le jeu et toute vente à découvert à long terme doit se faire avec une extrême prudence... gardez à l'esprit toutes les "morts" du bitcoin.

**Avant d'investir dans les ICO, gardez à l'esprit les points suivants**

Gardez à l'esprit qu'avec les ICOs, personne ne sait avec certitude laquelle va décoller. Si vous investissez dans 5 d'entre elles, il y a de fortes chances que 3 ou 4 échouent. Mais celle qui décolle rapporte 10x ou plus. 10x signifie que si vous avez investi 10 millions de dollars, vous générez 100 millions de dollars au total lorsque vous vendez.

Un petit conseil : avec les ICOs ou les transactions de base, envoyez des fractions de paiement pour tester les transferts. Entraînez-vous à envoyer .001 pour les premières transactions, vous pouvez aller jusqu'à 8 décimales avec Bitcoin.

Vous devez savoir que bon nombre des récentes entreprises financées par du capital-risque n'ont pas encore mis leurs produits sur le marché. En outre, les utilisations complètes du BTC et des altcoins viennent juste d'être explorées. Beaucoup pensent, avec de bonnes raisons, que la valeur du bitcoin sera dépassée par une autre pièce. Ils se basent sur le fait qu'en matière de technologie, il est rare que le premier arrivé reste l'acteur dominant après 5 à 10 ans. En résumé, nous n'en sommes qu'au tout début des monnaies numériques.

# CHAPITRE 12:
Tactiques de négociation

Nous examinerons ici les principales raisons pour lesquelles les traders perdent de l'argent et, surtout, nous explorerons les solutions.

**Attentes irréalistes :** Il est important, lorsqu'on se lance dans le trading, comme pour beaucoup de choses, d'avoir une idée réaliste de ce à quoi on a affaire. Les attentes irréalistes peuvent prendre la forme d'une personne qui commence avec ce qui est un compte de mini-trader de 1 000 ou peut-être 2 000 USD et qui s'attend à devenir riche du jour au lendemain.

Vous pouvez même commencer avec 100 ou 200 dollars, ce qui est très bien. Il n'y a rien de mal à ce montant, mais ces mêmes traders à 100 ou 200 dollars s'attendent à avoir 1 000 ou 2 000 dollars sur leur compte en quelques jours. Il existe des entreprises qui ont mentionné ou même promis aux traders qu'elles pouvaient le faire. Je ne dis pas que c'est impossible, mais je dis que c'est irréaliste. Il est essentiel que vous ayez un sens de la réalité dans vos transactions.

**Pas de plan :** Beaucoup de gens disent que "ne pas planifier, c'est prévoir d'échouer". Avec la planification, votre trading est aligné avec votre calendrier et les résultats que vous attendez. Un plan de trading est essentiel, car sans lui, vous vous exposez à des pertes potentiellement énormes. Sans plan, il n'y a aucun intérêt à se lancer dans le trading.

**Trop de risques :** Il peut s'agir d'une personne ayant 100 dollars sur son compte ou même 100 000. Ce n'est pas le montant qui est critique, mais le montant que vous risquez par rapport aux fonds disponibles. Vous commencez par faire en sorte que "l'échec soit supportable". Ce concept repose sur l'idée que vos pertes ne doivent pas être catastrophiques. Par exemple, chaque position ne doit pas utiliser plus de 5 ou 6 % de votre capital-risque disponible. Cela signifie également que si vous utilisez un effet de levier, celui-ci doit être faible.

**Confondre trading et investissement :** Au cours de mes années de travail en tant que banquier, j'ai eu d'innombrables clients à qui j'ai dû répéter qu'ils ne devaient pas confondre les deux. Le trading consiste à gagner de l'argent à court terme, c'est une activité génératrice de revenus, vous entrez et sortez des transactions. L'investissement est une activité à plus long terme qui s'étend généralement sur une période minimale d'un an. Il se peut que certains de vos objectifs d'investissement découlent de votre activité de trading, mais ne les confondez pas. Cela peut sembler élémentaire pour certains, mais, d'après mon expérience de conseiller de clients dans le monde entier, il y en a encore beaucoup qui confondent trading et investissement.

**Solutions :**

Il est normal de parler des problèmes et des défis, mais il est évident que nous devons trouver des solutions.

**Faible effet de levier :** Pour éviter le problème du risque trop élevé, une solution éprouvée consiste à utiliser un faible effet de levier. Vous maintenez un faible effet de levier parce que cela vous donne le temps de réfléchir, de réagir plus efficacement, et vous êtes moins sensible aux changements du marché.

**Scaling In Scaling Out :** La méthode "Scaling in scaling out" est l'une de mes préférées. Je l'utilise dans mes investissements et aussi dans mes transactions. La théorie du Scaling in scaling out consiste à laisser le marché vous dire dans quelle direction aller, c'est aussi simple que cela. Par exemple, je prévois d'acheter 250 altcoins GCMS après avoir fait mon analyse technique et fondamentale. Comment commencer ? Je commencerais par une position de 25 ou 50 pièces et je laisserais le marché confirmer si je suis sur la bonne voie. Si j'ai acheté des pièces GCMS à 100 dollars et qu'elles passent soudainement à 125 par pièce, c'est parfait, le marché confirme que j'ai pris la bonne décision. Dans cet exemple, si j'ai commencé avec 25 pièces, j'ajouterai ensuite 25 ou 50 pièces supplémentaires et je répéterai le processus jusqu'à ce que j'atteigne mon objectif de 250 pièces.

Certains diront que j'ai un peu manqué le passage de 100 à 125, et c'est vrai, mais je suis aussi plus sûr de ma décision en étant patient. A l'inverse, pour en revenir à l'échelle, imaginons que le marché ait évolué en ma défaveur, au lieu d'avoir 250 pièces à risque au départ, je n'en aurais eu que 25. Il est évident qu'il y a un compromis à faire, mais d'après mon expérience, il est à l'avantage de ceux qui font du scaling in scaling out.

Autre exemple, disons que vous avez acheté 100 pièces à 100 dollars chacune et que le prix chute soudainement à 90. Je vous suggère, au lieu de tout vendre immédiatement, d'envisager de n'en vendre que 25 ou 30, car la baisse pourrait être due à une réaction excessive du marché. Il y a plusieurs choses qui pourraient être en jeu, par exemple une fausse rumeur, encore une fois vous laissez le marché vous guider sur le bon chemin. Bien sûr, si le prix continue à baisser, vous décidez d'une sortie définitive s'il dépasse votre stop loss mental.

**Négocier des marchés liquides :** Je ne saurais trop insister sur la nécessité de négocier des marchés liquides. Avoir une seule transaction de type long shot (avec un capital ultra-risqué) est bien, tant que vous êtes conscient du risque. Cependant, pour les transactions régulières, les crypto-monnaies à faible liquidité par rapport aux standards des crypto-monnaies ne sont pas mon premier choix. La liquidité est essentielle, surtout en tant que trader, un investisseur n'est pas aussi sensible au temps, mais si vous faites du trading où vous pourriez avoir besoin de faire des mouvements soudains, vous voulez détenir des crypto-monnaies liquides.

La liquidité, pour être très clair, est la capacité d'entrer et de sortir du marché avec facilité. Être dans une transaction et avoir des bénéfices sur papier est merveilleux. Cependant, lorsqu'il est temps de convertir les bénéfices papier en bénéfices réels et que vous n'êtes pas en mesure de le faire, alors c'est une mauvaise blague car vous ne pouvez que les regarder, ce qui n'est pas très agréable. D'un autre côté, si vous êtes en perte et que vous ne pouvez pas sortir de cette position, cela devient un cauchemar. Je me moque de savoir qui donne des conseils, ou quel que soit le blog que vous lisez, vous devez trader des crypto-monnaies liquides, il n'y a pas d'autre moyen.

**Sélectionner les crypto-monnaies :** Sélectionnez-en quelques-unes et apprenez à bien les connaître. Comme vous pouvez l'imaginer, aucun trader ne négocie 600 monnaies différentes à la fois. Beaucoup de gens commencent avec les cryptos en négociant les plus connues, Bitcoin, Ethereum, par exemple. Après un certain temps, en négociant quelques cryptomonnaies sélectionnées, elles vous deviendront familières et vous aurez un sens plus profond de leur évolution.

# CHAPITRE 13:
## Tout mettre en place

Les traders doivent avoir un système. Nous allons examiner et relier les différents aspects d'un système de trading.

**Plate-forme de négociation :** Le choix de votre plateforme de trading est important car la plateforme est le véhicule que vous utilisez pour effectuer des transactions. Comme le trading se fait en ligne, il est essentiel que vous utilisiez une plateforme qui corresponde à votre style. Il peut s'agir d'une plateforme multi-actifs ou d'une plateforme plus basique. Vous devez connaître le fournisseur de la plateforme. Avec les crypto-monnaies, vous avez la possibilité d'utiliser une plateforme de négociation ou de traiter directement avec une bourse. De nouveaux échanges apparaissent régulièrement sur le marché et, selon le pays, vous devrez être prudent. Je vous suggère de vous faire recommander par un ami ou un conseiller en crypto-monnaies de confiance.

**Objectifs :** Sans objectifs, il est vraiment difficile de commencer à trader. L'analogie que j'ai entendue et que j'aime utiliser, en ce qui concerne les objectifs, est que sans objectif, c'est comme si vous vous rendiez à un guichet de train et que vous disiez simplement "donnez-moi un billet !" et bien sûr, on vous demanderait "un billet pour où ?".

Les objectifs à court terme peuvent être des objectifs de profit mensuels ou hebdomadaires, ils sont individualisés. Les objectifs doivent correspondre à votre style et au montant du capital-risque disponible pour le trading.

Les objectifs à long terme sont souvent liés à votre stratégie d'investissement. Ils sont également liés à vos objectifs à court terme, car les objectifs à long terme doivent être basés sur les objectifs de profit à court terme. Il doit y avoir une correspondance, car si vous avez un objectif hebdomadaire de 100 dollars et un objectif mensuel de 1 000 dollars, il y a un écart qui doit être comblé.

**Préparation mentale :** Vous devez être prêt psychologiquement à négocier. Si vous êtes sur le point de négocier et que vous êtes tendu ou nerveux, vous devez prendre du repos. Allez méditer, faites de l'exercice, faites autre chose, mais il est important que vous ne négociiez pas avant d'être psychologiquement prêt.

Avec le trading, vous devez avoir l'état d'esprit de ne pas prendre les choses personnellement. Retirez les émotions du trading, l'objectif est simplement de gagner de l'argent.

**Connaissez votre tolérance au risque :** Combien êtes-vous prêt à risquer sur chaque transaction ? Il est important de se rappeler la règle d'or numéro un des traders, "pas d'argent, pas de commerce". Peu importe ce que l'on vous dit, s'il n'y a pas de liquidités, il n'y a pas de trading et cela doit être pris au sérieux. Ceci est lié à votre tolérance au risque. Par exemple, si vous avez un solde de 10 000 USD et que vous voulez risquer 1%, le montant est de 100 dollars. Cela signifie que sur votre capital à risque, indépendamment de ce que vous négociez, lorsque vous fixez votre stop loss (mental ou sur une plateforme), il ne doit pas dépasser 100 USD.

**Faites preuve de diligence raisonnable :** Une nouvelle journée a commencé et votre ordinateur est allumé, que s'est-il passé cette nuit ? Que s'est-il passé sur les marchés des crypto-monnaies ? Vous devez être au courant des nouvelles qui sont sorties pendant la nuit et surtout de la façon dont les marchés ont réagi à ces nouvelles. Parfois, ce qui en théorie devrait être une bonne nouvelle, les marchés peuvent surprendre avec une réaction négative.

**Comment choisir votre niveau d'entrée :** Connaître vos points d'entrée signifie que vous avez une bonne raison pour chaque transaction que vous exécutez. Si vous n'avez pas de bonne raison, je vous suggère de prendre les fonds et de les remettre à une œuvre de charité. Lorsque vous choisissez votre niveau d'entrée, vous devez avoir un bon rapport risque-récompense et celui-ci doit correspondre à votre tolérance au risque. L'analyse technique/fondamentale est également prise en considération. Les niveaux de soutien et de résistance, les nouvelles, sont tous essentiels avant d'exécuter une transaction. Si vous négociez des cryptomonnaies, vous devez savoir où se trouvent les lignes de support et de résistance pour la période de temps que vous négociez.

**Connaissez vos niveaux de sortie :** Quel est votre objectif de profit, est-ce un millier de dollars ou quelques dollars ? Vous devez en être conscient. Lorsque vous fixez des stops pour contrôler les pertes, la première chose à faire est de vous assurer qu'ils entrent dans vos paramètres. Comme pour votre niveau d'entrée, vous devez connaître l'analyse fondamentale, les niveaux de soutien et de résistance, ainsi qu'une autre règle d'or des traders : "coupez vos pertes et laissez courir les profits." De nombreux traders affirment que les profits s'occupent d'eux-mêmes mais que vous devez garder un œil sur les pertes.

**Tenez un journal :** Ce n'est peut-être pas pour tout le monde mais c'est quelque chose que j'utilise pour enregistrer mes transactions. Il comprend plusieurs éléments : le point d'entrée de la transaction, le niveau de sortie et la raison pour laquelle j'ai pensé que la transaction était une bonne idée au moment où je l'ai entrée. En examinant votre journal, vous commencerez à détecter les tendances. Vous pouvez soit supprimer un modèle qui ne fonctionne pas, soit développer un modèle qui fonctionne. Cela vous aidera à affiner vos transactions.

**Examinez vos résultats :** Passez en revue vos pertes et profits de la journée. C'est important car, même si le trading peut être amusant, il s'agit d'une activité commerciale et l'objectif est de réaliser des bénéfices. Si, en examinant vos pertes et profits, vous découvrez que ce n'est pas ce que vous aviez prévu, votre devoir est de découvrir pourquoi. Vous devez également savoir ce qui se cache derrière vos bons résultats. Peut-être était-ce de la pure chance, et si c'était le cas, tant mieux, mais la chance n'est normalement pas une stratégie durable pour le trading. Je vous suggère, comme je le fais dans mon trading, de revoir votre journal. Était-ce les nouvelles du marché ? Ou était-ce la taille des positions ? Ces facteurs peuvent influencer les résultats.

# CHAPITRE 14:
## Crypto Technical Analysis Toolbox

Le point clé pour gagner de l'argent avec l'analyse technique est d'identifier la tendance et de la suivre. Les tendances vous indiquent où les prix sont le plus susceptibles de se diriger à l'avenir. Si la tendance d'une cryptomonnaie est à la hausse, vous devez acheter la cryptomonnaie pour gagner de l'argent. Si la tendance d'une cryptomonnaie est à la baisse, vous devez vendre la cryptomonnaie pour faire des bénéfices. Si la tendance d'une crypto est latérale, sans direction claire, vous devez soit placer des ordres contingents (pas des transactions), soit attendre qu'une tendance claire à la hausse ou à la baisse soit établie avant de négocier. Il n'est pas recommandé de lutter contre la tendance, si vous choisissez de le faire, dans la plupart des cas, ce sera une expérience coûteuse pour **vous**.

Les tendances ne se déplacent normalement pas directement vers le haut ou vers le bas de manière directe. Elles évoluent généralement dans une direction pendant un certain temps, puis retracent temporairement (inversement) une partie du mouvement précédent avant de reprendre la direction initiale. Chaque fois qu'une crypto retrace et commence à se déplacer dans la direction opposée, elle forme un nouveau haut ou un nouveau bas. Par exemple, avec les cryptos, de nouveaux sommets se forment lorsqu'une crypto se déplace vers le haut, puis se retourne et se déplace vers le bas. De nouveaux bas se forment lorsqu'une crypto se déplace vers le bas, puis se retourne et se déplace vers le haut. L'identification de ces hauts et bas vous permet de déterminer si une cryptomonnaie est dans une tendance à la hausse, à la baisse ou latérale.

**Tendances haussières** – Les marchés qui suivent une tendance haussière forment une série de hauts et de bas plus élevés.

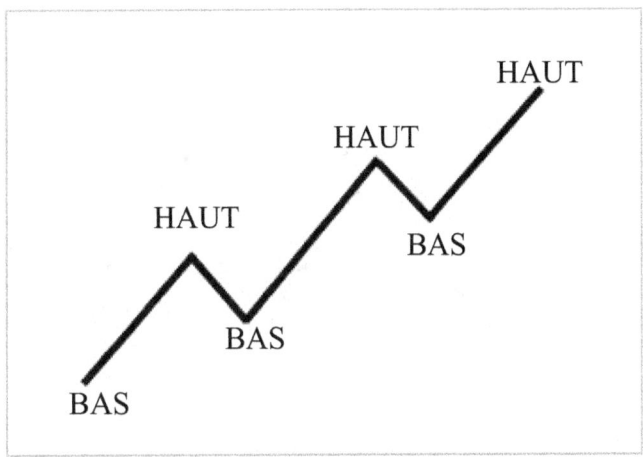

**Tendances baissières** – Les marchés qui suivent une tendance baissière forment une série de sommets et de creux plus bas.

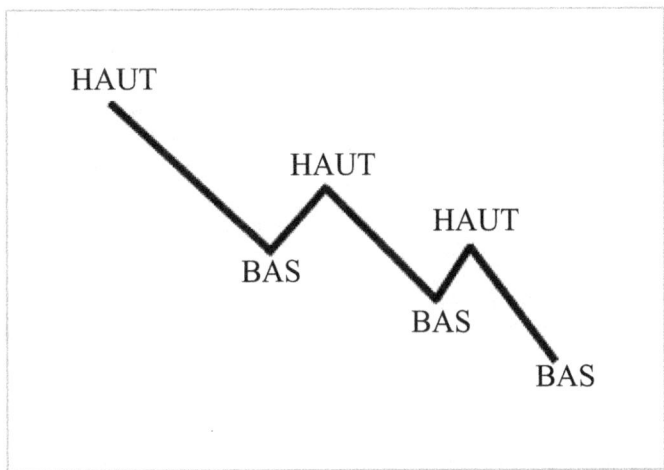

**Tendances latérales** – Une Crypto-monnaie qui a une tendance latérale forme une série de sommets qui se situent approximativement au même niveau de prix et une série de creux qui se situent approximativement au même niveau de prix.

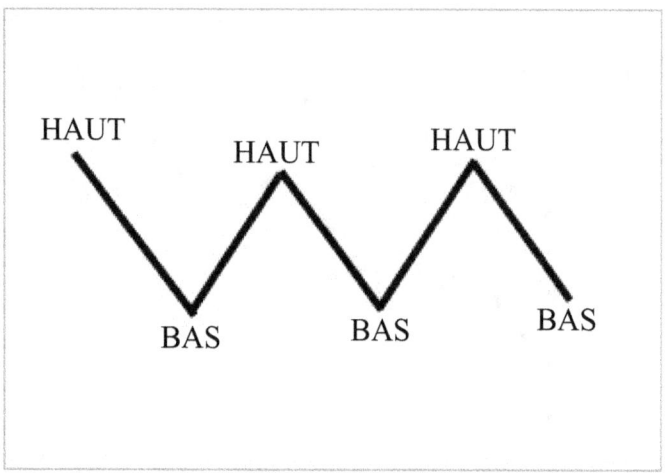

**Tendances** - Qu'il s'agisse de tendances haussières, baissières ou latérales, les tendances peuvent se former sur différentes périodes de temps. Identifier les différentes tendances sur chaque période et être capable de les aligner dans votre analyse est crucial pour votre réussite en tant que trader.

## Définir un graphique en chandelier

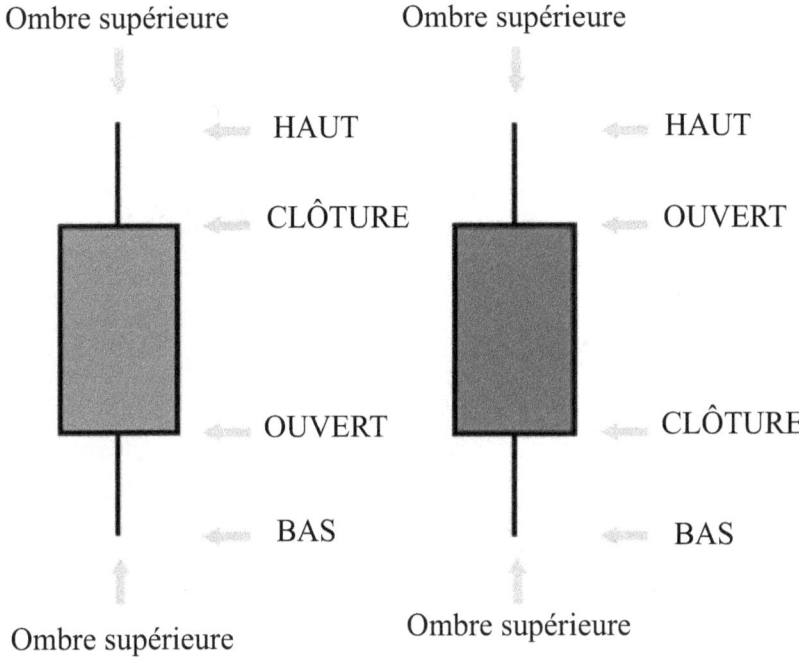

Commençons par définir un chandelier. Un chandelier est une ligne sur un graphique qui représente un point et indique le haut, le bas, l'ouverture et la fermeture pour chaque période. Par exemple, si nous avons un graphique journalier, chaque chandelier représente un jour et indique le haut, le bas, l'ouverture et la fermeture pour ce jour. Sur de nombreuses plateformes, un chandelier rouge signifie que le prix de clôture est inférieur au prix d'ouverture pour cette période. Un chandelier vert signifie que le prix de clôture est supérieur au prix d'ouverture pour cette période.

# CHAPITRE 15:
## Indicateurs d'analyse technique

Nous allons examiner les indicateurs Moyennes mobiles, RSI et Bandes de Bollinger. Tout d'abord, il y a les moyennes mobiles, et elles sont utiles car elles permettent de repérer plus facilement une tendance. C'est la clé avec les devises, les crypto-monnaies ou certains des produits dérivés où un marché haussier est bon et un marché baissier est également bon. Par conséquent, tout ce que nous devons faire est d'identifier ou de repérer cette tendance. Pour illustrer, une moyenne mobile sur cinquante jours additionne les prix de clôture des cinquante derniers jours, divise par cinquante et trace un point sur le graphique pour chaque jour.

### Graphique des moyennes mobiles

Examinons quelques paramètres de base avec l'indicateur de moyenne mobile. Si nous avons des paramètres sur un graphique de MA dix, MA cinquante, alors dix est le court terme, cinquante est le long terme. La moyenne mobile la plus courte, si elle est au-dessus de la plus longue, la tendance est considérée comme étant à la hausse. Si la moyenne mobile la plus courte est inférieure à la moyenne mobile la plus longue, alors la tendance est considérée comme étant à la baisse. Sur un graphique, si vous voyez que la dix est inférieure à la cinquante, le long terme dans cet exemple, cela peut être considéré comme le signe initial d'un signal de vente.

Avec les moyennes mobiles, les signaux d'achat et de vente sont générés par le passage du prix au-dessus ou au-dessous de la ligne de la moyenne mobile. Il existe un terme que vous entendrez souvent si vous fréquentez les spécialistes de l'analyse technique, il s'agit du *golden cross*, qui signifie que le court terme dépasse le long terme. L'exemple que nous avons est dix et cinquante, mais cela aurait pu être vingt et trente, quinze et dix-sept, cela dépend du trader et de l'instrument qu'il négocie.

## Indice de force relative

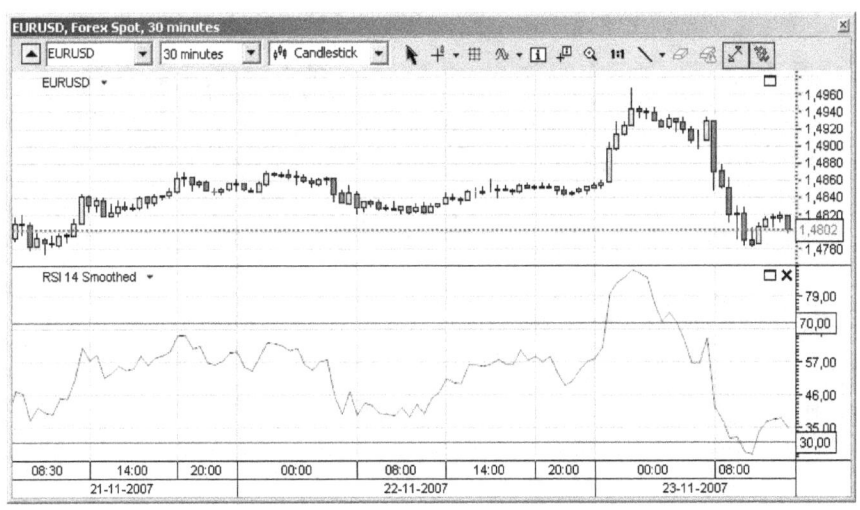

Le RSI, qui est l'indice de force relative, est utilisé pour identifier si le marché (action, devise, crypto-monnaie, etc.) est suracheté ou survendu. Il est classé comme un indicateur avancé car il commence à donner des signaux avant que la tendance ne soit amorcée. Son indice est compris entre zéro et cent.

Le graphique RSI est visible sous le graphique EURUSD. Le RSI correspond plus ou moins à ce qui se passe sur le graphique et il le doit. Des lectures inférieures à trente indiquent que le marché est peut-être survendu et lorsque vous voyez ou entendez le terme survendu, cela signifie une vente excessive. Des lectures supérieures à soixante-dix indiquent que le marché est peut-être suracheté et que les achats sont excessifs. Gardez à l'esprit que ce sont des indications, elles ne garantissent rien. Il est à noter que le marché peut rester suracheté ou survendu pendant une période de temps considérable.

## Bandes de Bollinger

Les bandes de Bollinger sont un outil que de nombreux investisseurs et traders utilisent lorsqu'ils souhaitent ajouter différents aspects d'analyse technique aux transactions qu'ils ont ouvertes. Elles sont utilisées pour mesurer la volatilité du marché. Les bandes définissent les limites supérieures et inférieures de la fourchette de négociation. Lorsque vous visualisez les bandes sur un graphique, vous avez une bande supérieure et une bande inférieure. L'espace entre le haut et le bas est appelé le canal d'achat et de vente. Vous utilisez l'espace entre les bandes pour vous faire une idée de votre position dans la fourchette de négociation. Si vous êtes près du sommet, vous savez que vous êtes proche du niveau de résistance et qu'il existe un potentiel de renversement de prix (le marché change de direction). Si vous vous trouvez dans le bas de la fourchette, vous savez que vous êtes proche du niveau de soutien et qu'il existe un potentiel de retournement de prix. La plupart du temps, les prix restent entre les bandes. Si le prix commence à sortir, de nombreux traders considèrent cela comme un signal, vous devez donc en être conscient.

## Comprendre les niveaux de soutien et de résistance

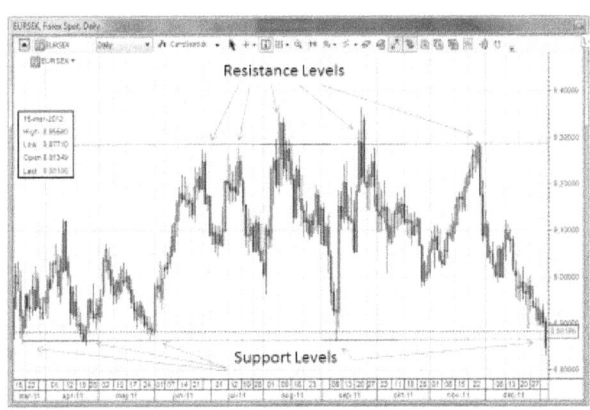

Le niveau de support est le niveau de prix auquel l'instrument négocié a historiquement eu des difficultés à descendre. Par exemple, si nous avons un support autour de 1,4380, vous pourrez voir sur un graphique que le marché a atteint ce niveau (1,4380) plusieurs fois sans tomber plus bas, donc dans le jargon de l'analyse technique, cela serait considéré comme un niveau de support. Le niveau de résistance est tout le contraire, c'est-à-dire le niveau de prix auquel l'instrument a historiquement eu du mal à se négocier au-dessus.

# CHAPITRE 16:
## Graphiques similaires aux lettres M&W

## Graphiques en "W" double fond ou "M" Double Top

Il s'agit de configurations graphiques dans lesquelles le prix coté de l'instrument évolue selon un schéma similaire à la lettre "W" (double fond) ou "M" (double top). Les schémas de double top et double fond sont utilisés dans l'analyse technique pour expliquer les mouvements d'une action, d'une crypto-monnaie ou d'autres investissements, et peuvent être utilisés dans le cadre d'une stratégie de trading pour exploiter les schémas récurrents. Un double top et un double fond sont tous deux des schémas d'inversion de tendance.

Un **double fond** a tendance à se produire après une forte tendance à la baisse, et il indique qu'une tendance à la hausse peut être imminente. Les " fond" sont des vallées qui se forment lorsque le prix atteint un certain niveau de soutien qui ne peut être brisé. Après avoir atteint ce niveau, le prix rebondit légèrement avant de revenir tester le niveau à nouveau. Si le prix rebondit une deuxième fois sur le support, il y a formation d'un double fond. Si le deuxième fond ne peut pas casser le plus bas du premier, c'est un signal fort qu'un renversement va se produire. Une "ligne de cou" est tracée au sommet entre les deux "creux". Dans le cas d'un double fond, vous pouvez envisager de placer votre ordre d'entrée long (achat) au-dessus de la "ligne de cou" car vous vous attendez à un changement de tendance à la hausse.

Un **double top** se forme généralement après une tendance haussière prolongée, et il indique qu'une tendance baissière peut être imminente. Les "tops" sont des sommets qui se forment lorsque le prix atteint un certain niveau de résistance qui ne peut être brisé. Après avoir atteint ce niveau, le prix rebondit légèrement, mais revient ensuite pour tester à nouveau ce niveau. Si le prix rebondit à nouveau sur ce niveau, vous avez alors un double sommet. Si le deuxième sommet ne peut pas dépasser le sommet du premier sommet, c'est un signal fort qu'un renversement va se produire. Une "ligne de cou" est tracée au niveau le plus bas entre les deux "sommets". Dans le cas d'un double sommet, vous pouvez envisager de placer votre ordre d'entrée (de vente) en dessous de la "ligne de cou", car vous vous attendez à un changement de tendance vers le bas.

# CHAPITRE 17:
Vos prochaines étapes

Avant de vous lancer, vous pouvez également vous préparer davantage en suivant un cours en ligne, comme celui que j'offre à l'adresse (gcmsonline.info), ou simplement en discutant avec un conseiller de confiance. Je vous mets en garde contre l'utilisation de certains forums cryptographiques en ligne. La plupart sont dépourvus de toute forme de supervision réelle. Il suffit de jeter un coup d'œil à plusieurs des grands forums disponibles sur les principaux réseaux de médias sociaux et les réponses fournies à certaines des questions des membres sont absolument effrayantes.

Ces derniers mois ont ébranlé la confiance de beaucoup sur les marchés cryptographiques, en particulier ceux qui ont acheté en décembre 2017 pour seulement voir leurs comptes imploser. J'en ai rencontré quelques-uns en cours et je vais partager avec vous ce que je leur ai dit, ainsi que quelques graphiques : si vous êtes dans le long terme, respirez profondément et laissez les choses se dérouler d'elles-mêmes. Une grande partie de ce que nous voyons a déjà été vue auparavant sur les marchés cryptographiques.

Le bitcoin et les crypto-monnaies ont parcouru un long chemin depuis l'époque où ils étaient principalement associés à des criminels. Aujourd'hui, la sensibilisation du public est à la fois plus large et plus positive. Les transactions à terme sur le bitcoin sont même autorisées par les plus grandes sociétés de Wall Street, ce qui, il n'y a pas si longtemps, aurait fait l'objet de moqueries. Pour que le progrès se poursuive comme je l'ai expliqué, il faut moins de battage, des réglementations plus pertinentes et une plus grande sécurité et transparence des échanges. Ces suggestions, je crois, garantiront que les crypto-monnaies, en tant que classe d'actifs, dépassent la phase des adopteurs précoces.

# CONCLUSION

Merci d'être arrivé jusqu'à la fin de « *Le prochain niveau de Investir dans les crypto-monnaies* ». Espérons qu'il a été instructif et qu'il a pu vous fournir quelques outils supplémentaires qui vous aideront à atteindre vos objectifs de trading ou d'investissement. Votre prochaine étape est de passer à l'action. Créez un compte de démonstration avec votre fournisseur de services de trading préféré et testez vos stratégies jusqu'à ce que vous obteniez les résultats que vous souhaitez voir avant d'ouvrir un compte réel.

Mes autres livres qui ont prouvé leur utilité pour les traders et les investisseurs sont : L'*analyse technique du Forex expliquée* et la *programmation des conseillers experts pour les débutants : Stratégies de profit maximales pour le Forex MT4*.

# UN PARAGRAPHE D'APERÇU DE MON PROCHAIN LIVRE :

## Les bases du trading algorithmique des crypto-monnaies

Le trading algorithmique (algos) est bien connu pour le trading avec les classes d'actifs traditionnelles comme les actions, les matières premières et le forex, mais pas tellement avec les crypto-monnaies.

Pour ceux qui ne sont pas familiers avec les algos, un petit rappel. Un algo comprend généralement les éléments suivants : Un signal d'entrée, une fréquence de temps, la taille de la position, un signal de sortie, et un repère d'évaluation pour mesurer votre succès ou votre manque de succès. Généralement, un algo comprend aussi une bonne part d'exploration de données, dont le backtesting. Le piège avec le backtesting est que certains remontent trop loin. En fait, c'est l'une des principales raisons de l'échec de nombreux algorithmes : la personne ou l'équipe à l'origine de l'algorithme prend trop de temps pour aller sur le marché. La réalité est que les conditions du marché changent régulièrement. Par exemple, une grande partie des résultats de votre backtest, si vous le faites pour le forex, peut devenir inutile en raison d'un changement inattendu du taux d'intérêt d'une banque centrale.

# VOCABULAIRE ESSENTIEL DU BITCOIN-CRYPTO

**Blockchain :** Il s'agit d'un registre **public** des transactions Bitcoin dans l'ordre chronologique. La blockchain est partagée par tous les utilisateurs de Bitcoin. Elle est utilisée pour vérifier la permanence des transactions en bitcoins et pour empêcher les doubles dépenses.

**Bloc :** Est <u>un enregistrement dans la blockchain</u> qui contient et confirme les transactions en attente. Toutes les 10 minutes environ, en moyenne, un nouveau bloc comprenant des transactions est créé dans la blockchain grâce à l'exploitation minière.

**Bloc Genesis :** C'est le tout premier bloc qui a été créé et le début de la blockchain.

**Taux de hachage :** Est l'unité de mesure de la puissance de traitement du réseau Bitcoin. Le réseau Bitcoin doit effectuer des opérations mathématiques intensives à des fins de sécurité. Lorsque le réseau a atteint un taux de hachage de 10 Th/s, cela signifie qu'il pouvait effectuer 10 trillions de calculs par seconde.

**Exploitation minière :** Il s'agit du processus par lequel le matériel informatique effectue des calculs mathématiques pour le réseau Bitcoin afin de confirmer les transactions et de renforcer la sécurité. En récompense de leurs services, les mineurs de bitcoins peuvent percevoir des frais de transaction pour les transactions qu'ils confirment, ainsi que des bitcoins nouvellement créés. Le minage est une activité spécialisée et compétitive ; les récompenses sont réparties en fonction de la quantité de calculs effectués.

**Confirmation : La** confirmation signifie qu'une transaction a été traitée par le réseau et qu'il est très peu probable qu'elle soit annulée. Les transactions reçoivent une confirmation lorsqu'elles sont incluses dans un bloc et pour chaque bloc suivant. Une seule confirmation peut être considérée comme sûre pour les transactions de faible valeur, mais pour des montants plus importants, comme 1 000 USD, il est préférable d'attendre plusieurs confirmations.

**Double dépense :** Si un utilisateur malveillant essaie de dépenser ses bitcoins à deux destinataires différents en même temps, il s'agit d'une double dépense. Le minage de bitcoins et la blockchain sont là pour créer un consensus sur le réseau quant à la transaction qui sera confirmée et considérée comme valide.

**Air Drop** : L'Airdrop est le processus par lequel une entreprise de crypto-monnaie distribue gratuitement des jetons de crypto-monnaie dans les portefeuilles de certains utilisateurs. Les airdrops sont généralement réalisés par des startups blockchain pour amorcer leurs projets.

**Clé privée :** Est un élément de données secret qui prouve votre droit de dépenser des bitcoins à partir d'un portefeuille spécifique par le biais d'une signature cryptographique. Votre/vos clé(s) privée(s) est/sont stockée(s) dans votre ordinateur si vous utilisez un porte-monnaie logiciel ; elle(s) est/sont stockée(s) sur des serveurs distants si vous utilisez un porte-monnaie web. Les clés privées ne doivent jamais être révélées car elles vous permettent de dépenser des bitcoins pour leur portefeuille Bitcoin respectif.

**Signature :** Une signature cryptographique est un mécanisme mathématique qui permet à quelqu'un de prouver sa propriété. Dans le cas de Bitcoin, un portefeuille Bitcoin et sa ou ses clés privées sont liés par une magie mathématique. Lorsque votre logiciel Bitcoin signe une transaction avec la clé privée appropriée, l'ensemble du réseau peut voir que la signature correspond aux bitcoins dépensés. Cependant, il n'y a aucun moyen pour le monde de deviner votre clé privée pour voler vos bitcoins.

**Portefeuille :** Un portefeuille Bitcoin est en quelque sorte l'équivalent d'un portefeuille physique sur le réseau Bitcoin. Le portefeuille contient en fait votre ou vos clés privées qui vous permettent de dépenser les bitcoins qui lui sont attribués dans la blockchain. Chaque portefeuille Bitcoin peut vous montrer le solde total de tous les bitcoins qu'il contrôle et vous permet de payer un montant à une personne spécifique.

**Stockage à froid :** Il s'agit du processus consistant à déplacer vos bitcoins vers un portefeuille hors ligne. L'avantage de cette méthode est que personne ne peut pirater votre ordinateur et voler vos clés privées si votre ordinateur n'est pas connecté à un réseau. Les bitcoins devront être ressortis de la chambre froide pour être dépensés ou transférés à nouveau.

**Fongibilité :** Est la propriété d'un bien ou d'une marchandise dont les unités individuelles sont interchangeables. Par exemple, étant donné qu'un kilo d'or pur est équivalent à tout autre kilo d'or pur, que ce soit sous forme de pièces ou dans d'autres états, l'or est fongible. Parmi les autres produits fongibles, citons le pétrole brut, les actions, les obligations et les devises. Un diamant ne l'est pas puisque chacun est unique.

**Adresse :** Une adresse Bitcoin est une chaîne unique de 27 à 34 caractères alphanumériques. Une adresse peut être créée librement à l'aide d'un portefeuille et commence toujours par un 1 ou un 3.

**Monnaies alternatives (altcoins) :** Les nombreuses monnaies alternatives différentes qui ont vu le jour à partir de l'idée et/ou du code de base du bitcoin. Parmi les plus connues, citons Litecoin, IOTA et Ripple.

**Fork :** Un "fork" est une modification du logiciel d'une monnaie numérique qui crée deux versions distinctes de la blockchain avec un historique partagé. Les fourchettes peuvent être temporaires ou permanentes et créer deux versions distinctes de la blockchain. Lorsque cela se produit, deux monnaies numériques différentes sont également créées.

**DDOS :** Abréviation de "Distributed Denial of Service" (déni de service distribué). Une attaque DDoS bien programmée sur les bourses pendant des mouvements volatils peut être dévastatrice car les traders ne pourront pas exécuter d'ordre manuellement et seront à la merci de leurs ordres préétablis.

**ERC20** : norme technique utilisée pour les contrats intelligents sur la blockchain Ethereum pour la mise en œuvre de jetons. *ERC* signifie *Ethereum Request for Comment*, et *20* est le numéro qui a été attribué à cette demande.

ERC20 définit une liste commune de règles que les jetons Ethereum doivent suivre au sein de l'écosystème Ethereum plus large, ce qui permet aux développeurs de prévoir avec précision l'interaction entre les jetons.

# PROFIL PROFIL DE L'AUTEUR

**Wayne Walker** est le directeur d'une société de formation et de conseil sur les marchés financiers mondiaux (gcmsonline.info). Il a plusieurs années d'expérience dans la direction et l'encadrement d'équipes de conseillers en placement et a géré les équipes les plus performantes du groupe des clients privés sur la base des Bench Mark Earnings (BME).

www.ingramcontent.com/pod-product-compliance
Lightning Source LLC
Chambersburg PA
CBHW070431220526
45466CB00004B/1625